VILLE DE LYON

LOI
sur
L'ENSEIGNEMENT PRIMAIRE OBLIGATOIRE
(28 Mars 1882)

CIRCULAIRES MINISTÉRIELLES
RELATIVES A L'APPLICATION DE CETTE LOI

LYON
IMPRIMERIE NOUVELLE LYONNAISE
Rue Sainte-Catherine, 3

1900

VILLE DE LYON

LOI

SUR

L'ENSEIGNEMENT PRIMAIRE OBLIGATOIRE

(28 Mars 1882)

Le Sénat et la Chambre des députés ont adopté,
Le Président de la République promulgue la loi dont la teneur suit :
Article premier. — L'enseignement primaire comprend :
L'instruction morale et civique ;
La lecture et l'écriture ;
La langue et les éléments de la littérature française ;
La géographie, particulièrement celle de la France ;
L'histoire, particulièrement celle de la France jusqu'à nos jours ;
Quelques notions usuelles de droit et d'économie politique ;
Les éléments des sciences naturelles physiques et mathématiques ; leurs applications à l'agriculture, à l'hygiène, aux arts industriels ; les travaux manuels et l'usage des outils des principaux métiers ;
Les éléments du dessin, du modelage et de la musique ;
La gymnastique ;
Pour les garçons, les exercices militaires ;
Pour les filles, les travaux à l'aiguille.
L'article 23 de la loi du 15 mars 1850 est abrogé.

Art. 2. — Les écoles primaires publiques vaqueront un jour par semaine, en outre du dimanche, afin de permettre aux parents de faire donner, s'ils le désirent, à leurs enfants, l'instruction religieuse en dehors des édifices scolaires.

L'enseignement religieux est facultatif dans les écoles privées.

Art. 3. — Sont abrogées les dispositions des articles 18 et 44 de la loi du 14 mars 1850, en ce qu'elles donnent aux ministres des cultes un droit d'inspection, de surveillance et de direction dans les écoles publiques et privées, et dans les salles d'asile, ainsi que le paragraphe 2 de l'article 31 de la même loi, qui donne au Consistoire le droit de présentation pour les instituteurs appartenant aux cultes non catholiques.

Art. 4. — L'instruction primaire est obligatoire pour les enfants des deux sexes âgés de six ans révolus à treize ans révolus ; elle peut être donnée soit dans les établissements d'instruction primaire ou secondaire, soit dans les écoles publiques ou libres, soit dans les familles, par le père de famille lui-même ou par toute autre personne qu'il aura choisie.

Un règlement déterminera les moyens d'assurer l'instruction primaire aux enfants sourds-muets et aux aveugles.

Art. 5. — Une Commission municipale scolaire est instituée dans chaque commune, pour surveiller et encourager la fréquentation des écoles.

Elle se compose du Maire, président ; d'un délégué du canton, et, dans les communes comprenant plusieurs cantons, d'autant de délégués qu'il y a de cantons désignés par l'Inspecteur d'académie ; de membres désignés par le Conseil municipal en nombre égal, au plus, au tiers des membres de ce Conseil.

A Paris et à Lyon, il y a une Commission pour chaque arrondissement municipal. Elle est présidée, à Paris, par le Maire ; à Lyon, par un des adjoints ; elle est composée d'un des délégués cantonaux désignés par l'Inspecteur d'académie, de membres désignés par le Conseil municipal, au nombre de trois à sept par chaque arrondissement.

Le mandat des membres de la Commission scolaire désignés par le Conseil municipal durera jusqu'à l'élection d'un nouveau Conseil municipal.

Il sera toujours renouvelable.

L'Inspecteur primaire fait partie de droit de toutes les Commissions scolaires instituées dans son ressort.

Art. 6. — Il est institué un certificat d'études primaires ; il est décerné après un examen public, auquel pourront se présenter les enfants dès l'âge de onze ans.

Ceux qui, à partir de cet âge, auront obtenu le certificat d'études primaires seront dispensés du temps de scolarité obligatoire qui leur restait à passer.

Art. 7. — Le père, le tuteur, la personne qui a la garde de l'enfant, le patron chez qui l'enfant est placé, devra, quinze jours au moins avant l'époque de la rentrée des classes, faire savoir au Maire de la commune s'il entend faire donner à l'enfant l'instruction dans la famille ou dans une école publique ou privée ; dans ces deux derniers cas, il indiquera l'école choisie.

Les familles domiciliées à proximité de deux ou de plusieurs écoles publiques ont la faculté de faire inscrire leurs enfants à l'une ou à l'autre de ces écoles, qu'elle soit ou non sur le territoire de leurs communes, à moins qu'elle ne compte déjà le nombre maximum d'élèves autorisé par les règlements.

En cas de contestation, et sur la demande soit du Maire, soit des parents, le Conseil départemental statue en dernier ressort.

Art. 8. — Chaque année le Maire dresse, d'accord avec la Commission municipale scolaire, la liste de tous les enfants âgés de six à treize ans, et avise les personnes qui ont charge de ces enfants de l'époque de la rentrée des classes.

En cas de non-déclaration, quinze jours avant l'époque de la rentrée, de la part des parents et autres personnes responsables, il inscrit d'office l'enfant à l'une des écoles publiques et en avertit la personne responsable.

Huit jours avant la rentrée des classes, il remet aux directeurs d'écoles publiques et privées la liste des enfants qui doivent suivre leurs écoles.

Un double de ces listes est adressé par lui à l'Inspecteur primaire.

Art. 9. — Lorsqu'un enfant quitte l'école, les parents ou les personnes responsables doivent en donner immédiatement avis au Maire et indiquer de quelle façon l'enfant recevra l'instruction à l'avenir.

Art. 10. — Lorsqu'un enfant manque momentanément l'école, les parents ou les personnes responsables doivent faire connaître au directeur ou à la directrice les motifs de son absence.

Les directeurs et les directrices doivent tenir un registre d'appel qui constate, pour chaque classe, l'absence des élèves inscrits. A la fin de chaque mois, ils adresseront au Maire et à l'Inspecteur primaire un extrait de ce registre avec l'indication du nombre des absences et des motifs invoqués.

Les motifs d'absence seront soumis à la Commission scolaire. Les seuls motifs réputés légitimes sont les suivants : maladie de l'enfant, décès d'un membre de la famille, empêchement résultant de la difficulté accidentelle des communications. Les autres circonstances exceptionnellement invoquées seront également appréciées par la Commission.

Art. 11. — Tout directeur d'école privée, qui ne se sera pas conformé aux prescriptions de l'article précédent sera, sur le rapport de la Commission scolaire et de l'Inspecteur primaire, déféré au Conseil départemental.

Le Conseil départemental pourra prononcer les peines suivantes : 1° l'avertissement ; 2° la censure ; 3° la suspension pour un mois au plus, et, en cas de récidive dans l'année scolaire, pour trois mois au plus.

Art. 12. — Lorsqu'un enfant se sera absenté de l'école quatre fois dans le mois, pendant au moins une demi-journée, sans justification admise par la Commission municipale scolaire, le père, le tuteur ou la personne responsable sera invité, trois jours au moins à l'avance, à comparaître dans la salle des actes de la Mairie, devant la Commission, qui lui rappellera le texte de la loi et lui expliquera son devoir.

En cas de non comparution, sans justification admise, la Commission appliquera la peine énoncée dans l'article suivant.

Art. 13. — En cas de récidive dans les douze mois qui suivront la première infraction, la Commission municipale scolaire ordonnera l'inscription, pendant quinze jours ou un mois, à la porte de la Mairie, des nom, prénoms, et qualités de la personne responsable, avec indication du fait relevé contre elle.

La même peine sera appliquée aux personnes qui n'auront pas obtempéré aux prescriptions de l'article 9.

Art. 14. — En cas d'une nouvelle récidive, la Commission scolaire, ou, à son défaut, l'Inspecteur primaire, devra adresser une plainte au juge de paix. L'infraction sera considérée comme une contravention et pourra entraîner une condamnation aux peines de police conformément aux articles 479, 580, 480 et suivants du Code pénal.

L'article 467, 463 du même Code est applicable.

Art. 15. — La Commission scolaire pourra accorder aux enfants demeurant chez leurs parents ou leur tuteur, lorsque ceux-ci en feront la demande motivée, des dispenses de fréquentation scolaire ne pouvant dépasser trois mois par année en dehors des vacances. Ces dispenses devront, si elles excèdent quinze jours, être soumises à l'approbation de l'Inspecteur primaire.

Ces dispositions ne sont pas applicables aux enfants qui suivront leurs parents ou tuteurs, lorsque ces derniers s'absenteront temporairement de la commune. Dans ce cas, un avis donné verbalement ou par écrit au Maire ou à l'instituteur suffira.

La Commission peut aussi, avec l'approbation du Conseil départemental, dispenser les enfants employés dans l'industrie et arrivés à l'âge de l'apprentissage d'une des deux classes de la journée ; la même faculté sera accordée à tous les enfants employés, hors de leur famille, dans l'agriculture.

Art. 16. — Les enfants qui reçoivent l'instruction dans la famille doivent, chaque année, à partir de la fin de la deuxième année d'instruction obligatoire, subir un examen qui portera sur les matières de l'enseignement correspondant à leur âge dans les écoles publiques, dans des formes et suivant des programmes qui seront déterminés par arrêtés ministériels rendus en Conseil supérieur.

Le jury d'examen sera composé de : l'Inspecteur primaire ou son délégué, président; un délégué cantonal, une personne munie d'un diplôme universitaire ou d'un brevet de capacité. Les juges seront choisis par l'Inspecteur d'académie. Pour l'examen des filles, la personne brevetée devra être une femme.

Si l'examen de l'enfant est jugé insuffisant et qu'aucune excuse ne soit admise par le jury, les parents sont mis en demeure d'envoyer leur enfant dans une école publique ou privée, dans la huitaine de la notification, et de faire savoir au Maire quelle école ils ont choisie.

En cas de non-déclaration, l'inscription aura lieu d'office, comme il est dit à l'article 8.

Art. 17. — La caisse des écoles, instituée par l'article 15 de la loi du 13 avril 1867, sera établie dans toutes les communes. Dans les communes subventionnées dont le centime n'excède pas 30 fr., la caisse aura droit, sur le crédit ouvert pour cet objet au ministère de l'Instruction publique, à une subvention au moins égale au montant des subventions communales.

La répartition des secours se fera par les soins de la Commission scolaire.

Art. 18. — Des arrêtés ministériels, rendus sur la demande des Inspecteurs d'académie et des Conseils départementaux, détermineront chaque année les communes où, par suite d'insuffisance des locaux scolaires, les prescriptions des articles 4 et suivants sur l'obligation ne pourraient être appliquées.

Un rapport annuel, adressé aux Chambres par le Ministre de l'Instruction publique, donnera la liste des communes auxquelles le présent article aura été appliqué.

La présente loi, délibérée et adoptée par le Sénat et par la Chambre des Députés, sera exécutée comme loi de l'État.

Fait à Paris, le 28 mars 1882.

Jules GRÉVY.

Par le Président de la République :

Le Ministre de l'Instruction publique et des Beaux-Arts,

Jules FERRY.

CIRCULAIRES MINISTÉRIELLES

CIRCULAIRE MINISTÉRIELLE RELATIVE AUX ATTRIBUTIONS ET A LA COMPÉTENCE DES COMMISSIONS SCOLAIRES.

Paris, le 13 juin 1882.

Monsieur le Préfet,

Au moment où les Commissions scolaires instituées par la loi du 28 mars 1882 vont entrer en fonctions, il me paraît nécessaire de déterminer avec précision la nature de leurs attributions et la limite de leur compétence.

Ces Commissions ont pour objet, aux termes de l'article 5 de la loi, de surveiller et d'encourager la fréquentation des écoles.

A cet effet, elles concourent, avec les Maires, à la confection annuelle de la liste des enfants de six à treize ans (art. 8) ; — elles apprécient les motifs d'absence (art. 10); — elles prononcent certaines pénalités (art. 12 et 13); — ou saisissent d'une plainte, dans les cas prévus, le juge de paix (art. 14); — enfin, elles accordent des dispenses dans les conditions et dans les limites tracées par l'article 15. — Leur rôle est ainsi nettement défini, et il est d'ailleurs considérable. Mais vous remarquerez, Monsieur le Préfet, que les Commissions scolaires n'ont nullement, comme on a pu le croire, un droit d'inspection et de contrôle sur les écoles. La loi du 28 mars 1882 n'a rien innové sur ce point, et, hormis le Maire, l'Inspecteur primaire et les délégués cantonaux ou communaux, nul n'a qualité pour pénétrer dans les salles de classes. Les membres des Commissions scolaires, autres que les personnes ci-dessus désignées, ne sauraient donc être admises à visiter les écoles. Les Commissions exercent la surveillance spéciale dont elles sont chargées, en consultant l'extrait du registre d'appel que l'instituteur est tenu d'adresser, à la fin de chaque mois, au Maire et à l'Inspecteur primaire, extrait où doivent se trouver mentionnés, avec le nombre des absences constatées, les motifs invoqués et soumis à l'appréciation de la Commission.

Il serait bon, pour prévenir toutes difficultés, de donner, par la voie du *Bulletin départemental*, des instructions en ce sens au personnel placé sous vos ordres.

Recevez, Monsieur le Préfet, l'assurance de ma considération très distinguée.

Le Ministre de l'Instruction publique et des Beaux-Arts,

Jules FERRY.

CIRCULAIRE MINISTÉRIELLE AU SUJET DES FORMALITÉS RELATIVES A LA DÉCLARATION DES PARENTS EN CE QUI CONCERNE LE MODE D'INSTRUCTION DE LEURS ENFANTS.

Paris, 7 septembre 1882.

MONSIEUR LE PRÉFET,

Depuis la promulgation de la loi du 28 mars 1882, relative à l'instruction primaire obligatoire, mon Administration vous a successivement envoyé les instructions que comportaient les diverses périodes par lesquelles doit passer l'application de cette loi.

Dès le 29 mars, vous avez été invité à procéder à la constitution des Commissions scolaires municipales.

Aussitôt après leur nomination, la circulaire du 13 juin vous a rappelé les attributions précises et spéciales de ces Commissions.

Enfin, le 30 juillet, vous avez reçu les modèles de tous les imprimés à faire préparer pour les diverses constatations prescrites par la loi.

Aujourd'hui, à l'approche de la rentrée des classes, je dois appeler votre attention toute particulière sur celles des prescriptions de la loi du 28 mars dont il importe d'assurer en ce moment l'exécution, c'est-à-dire sur les formalités relatives à la déclaration des parents en ce qui concerne le mode d'instruction de leurs enfants.

Les Commissions municipales scolaires, nommées dans chaque commune et complétées par la nomination du délégué de l'Inspecteur d'académie, vont avoir à accomplir le premier acte de leur mandat : il leur appartient, d'après l'article 8 de la loi, d'aider le Maire à « dresser la liste de tous les enfants âgés de six à treize ans ».

Les éléments essentiels de ce travail sont fournis par les listes mêmes du dernier recensement officiel de la population. Mais des changements de domicile et diverses autres circonstances ont pu modifier dans quelques communes le nombre des enfants à inscrire. Pour prévenir toute chance d'erreur ou d'omission, la loi a remis aux Commissions locales le soin de reviser annuellement la liste nominative des enfants en âge scolaire, et je vous ai déjà adressé, à cet effet, un modèle de cadres.

Si, par impossible, quelques Commissions, soit par négligence, soit par tout autre motif, refusaient leur concours pour la confection de ces listes, il vous appartiendrait, Monsieur le Préfet, de les faire dresser d'office, et dans le plus bref délai, par le Maire, ou, à son défaut, par le délégué de l'Inspecteur d'académie ou par l'Inspecteur primaire : on prendrait pour base du relevé, jusqu'à nouvel ordre, les listes mêmes du recensement quinquennal, dont les minutes sont déposées dans chaque mairie.

Aussitôt ce travail fait, il restera à constater, ainsi que le veut la loi, si et comment il est pourvu à l'instruction de chacun des enfants recensés.

La liberté du père de famille, vous le savez, est entière ; il peut choisir entre trois modes d'instruction : à l'école publique, à l'école libre ou à domicile. La loi exige seulement qu'avant le commencement de l'année scolaire il fasse savoir au Maire quel est, de ces trois moyens d'instruction, celui qu'il aura adopté.

Pour l'immense majorité des familles, le choix est déjà fait longtemps avant l'époque de la rentrée, et il est, dès à présent, connu des autorités compétentes, ce qui permet de simplifier considérablement les formalités de la déclaration exigée par l'article 7.

Si la famille envoie ou continue d'envoyer ses enfants à l'école publique, l'inscription au registre de l'école dispense de toute autre forme de déclaration.

Si elle les confie à une école libre, l'inscription au registre de cette école, dûment communiqué à la Commission scolaire municipale, tient également lieu de déclaration.

Quant aux parents qui veulent instruire ou faire instruire leurs enfants à domicile, ils n'ont qu'à faire connaître leur intention, pour éviter que leurs enfants ne soient considérés comme privés de moyen d'instruction.

Afin d'épargner aux familles qui se trouveraient dans cette troisième catégorie tout embarras ou tout dérangement inutile, le Maire, président de la Commission municipale, procèdera de la façon suivante : après avoir relevé sur la liste générale des enfants d'âge scolaire les noms de tous ceux qui sont instruits dans une école quelconque, publique ou privée, il dressera l'état nominatif de tous ceux qui ne figurent sur aucun registre d'école, et il adressera à leurs parents, conformément à l'article 8 de la loi, un avis dont je vous envoie ci-inclus la teneur (modèle de lettre n° 1). Les parents mis en demeure par cet avis seront tenus de faire savoir comment ils entendent pourvoir à l'instruction de leurs enfants ; afin de leur faciliter la réponse, le Maire aura joint à sa lettre un bulletin préparé d'avance et que les familles devront lui retourner (modèle n° 2), si elles veulent s'éviter un déplacement.

Au reçu de la réponse faite par les familles de vive voix ou par écrit, si les parents déclarent se charger eux-mêmes de l'instruction de leurs enfants, le Maire leur délivrera l'accusé de réception ci-joint (modèle n° 3).

S'ils négligeaient de répondre et après une dernière lettre de rappel (modèle n° 4), le Maire inscrirait d'office dans une école publique, conformément à l'article 8, les enfants dont l'instruction n'est pas assurée et pour lesquels la Commission n'a pas admis de motif d'empêchement.

J'ai été consulté sur la question de savoir si une déclaration collective des pères de famille d'une commune ou section de commune pourrait tenir lieu de réponse à la demande adressée par le Maire. Il est évident que chaque déclaration doit s'appliquer à un enfant individuellement et faire partie en quelque sorte de son dossier personnel. Dès lors, il est impossible de dégager à la fois, en prévision de toute éventualité ultérieure, et la responsabilité du père de famille et celle du Maire et de la Commission municipale sans exiger qu'il reste à la Mairie une trace écrite de la déclaration relative à chaque enfant ; il sera nécessaire, plusieurs années de suite, de se reporter à cette déclaration initiale : il est donc indispensable qu'elle subsiste, soit sous la forme d'une réponse écrite du père de famille pour chacun de ses enfants, soit sous celle d'inscription dans un registre à souche dont je vous ai envoyé le modèle, inscription faite par le Maire après la déclaration verbale de la famille.

Tel est, Monsieur le Préfet, l'ensemble des opérations, en somme assez simples, auxquelles donnera lieu l'application de la loi du 28 mars. De cette vaste enquête qui, pour la première fois, va nous faire connaître l'exacte vérité sur notre situation scolaire, il est un point sur lequel j'appelle d'avance toute votre attention : c'est la constatation authentique du nombre des enfants d'âge scolaire qui demeurent privés d'instruction par le seul fait qu'ils habitent une commune ou une section dépourvue d'école.

Je vous demanderai, aussitôt que vous aurez ces renseignements, de m'en transmettre le relevé complet pour votre département, en me faisant connaître les points sur lesquels des créations scolaires sont urgentes. C'est ma ferme intention de consacrer, avant tout autre objet, les fonds du budget de l'instruction publique à doter d'établissements scolaires les communes ou les hameaux dans lesquels la loi ne peut s'appliquer faute de locaux.

Cet obstacle matériel est, vous le savez, le seul qui s'oppose à l'application entière et immédiate de la loi; le seul, dis-je, car, non plus que personne en France, je n'ai jamais pris au sérieux l'annonce d'une insurrection en masse contre la loi qui veut que tout citoyen sache lire et écrire. Ce qui est sérieux, mon prédécesseur l'a dit, c'est qu'il manque des écoles à nos enfants et non des enfants à nos écoles.

Mais cette lacune est de celles qui se peuvent combler à bref délai dans un pays où, d'une part, le Gouvernement est armé par la loi contre toutes les résistances, et où, d'autre part, les Chambres se montrent en toute occasion énergiquement résolues à ne reculer devant aucun sacrifice pour compléter l'œuvre de l'éducation nationale.

Je vous envoie avec la présente circulaire et en nombre suffisant tous les imprimés que vous avez à faire distribuer, afin qu'aucun retard ne se produise dans l'exécution des mesures que je viens de prescrire.

Veuillez m'accuser réception de cette dépêche et recevoir l'assurance de ma considération distinguée.

Le Ministre de l'Instruction publique
et des Beaux-Arts,
J. DUVAUX.

CIRCULAIRE ADRESSÉE AUX DÉLÉGATIONS CANTONALES, CAISSES DES ÉCOLES ET COMMISSIONS SCOLAIRES.

Paris, le 10 juillet 1893.

MESSIEURS LES MEMBRES DES DÉLÉGATIONS CANTONALES, DES CAISSES DES ÉCOLES ET DES COMMISSIONS SCOLAIRES,

C'est la première fois qu'un Ministre de l'Instruction publique s'adresse directement à vous.

Vous n'êtes pas des fonctionnaires au sens étroit du mot, mais vous remplissez à titre bénévole des fonctions dont l'importance apparaît de plus en plus clairement. Le pays se rend bien compte aujourd'hui de la grande part que vous pouvez prendre au développement de nos institutions scolaires et, par suite, au développement même de notre démocratie.

Vous connaissez votre mandat. Je tiens néanmoins à en conférer avec vous, Messieurs, pour bien préciser ce que le Gouvernement, d'accord avec l'opinion publique, attend de vous.

Les lois scolaires promulguées de 1881 à 1889 ont rendu l'instruction primaire obligatoire, ont fait de l'école publique un établissement national, laïque, librement et gratuitement ouvert à tous, qui doit donner aux enfants du pays l'enseignement élémentaire et l'éducation morale, en laissant aux familles toutes facilités pour y ajouter, suivant leur conscience, les principes et les pratiques de la religion de leur choix.

Mais, ce que les lois édictent en quelques mots, il faut que les mœurs le réalisent dans le détail infini de l'application. Il ne suffit pas que la loi soit obéie, il importe qu'elle soit comprise, mieux encore, qu'elle soit aimée.

Faire comprendre et faire aimer la loi, c'est précisément pour cet objet que sont établis les divers comités dont vous faites partie. Chacun d'eux a ses attributions propres, mais tous ont un même caractère : ils doivent servir de trait d'union entre l'école, la famille et la société.

Membres de ces comités, vous représentez dans l'école les intérêts de la nation, et vous représentez devant les familles les droits de l'école. C'est cette double mission dont je vous demande, Messieurs, de prendre de plus en plus conscience, afin de l'exercer dans toute sa plénitude sous la forme qui convient à chacun des comités auxquels vous appartenez.

Délégués cantonaux, vous portez avant tout votre sollicitude sur les besoins matériels de l'école, vous êtes ses avocats devant les autorités scolaires et municipales. Vous réclamez en sa faveur le concours des communes. Mais vous avez, d'autre part, sur l'école elle-même une légitime influence.

Sans doute, vous ne devez pas aspirer à faire double emploi avec l'inspecteur primaire, encore moins à lui faire concurrence en matière d'études ou à contrôler ses conseils pédagogiques. Aujourd'hui que les programmes de l'école sont arrêtés avec une entière précision par les autorités que la loi a chargé de ce soin, il ne vous appartient pas de vous ingérer dans la répartition des matières d'enseignement, dans l'appréciation des méthodes, des livres, des appareils en usage : ce serait organiser l'anarchie que de placer à chaque instant l'instituteur entre deux chefs dont l'avis pourrait différer.

Mais que de services il vous est possible de rendre à l'instituteur et à l'inspecteur primaire en ce qui concerne l'éducation ! Un bon délégué cantonal, c'est peut-être le témoin le mieux placé pour suivre les effets de l'école sur l'écolier, car il les suit hors de la classe ; il constate si les enfants ont pris à l'école et gardent dans la vie quotidienne des habitudes d'ordre, de politesse, de respect, de travail, si les leçons de morale qu'ils reçoivent sont restées à la surface ou ont pénétré ; il peut remarquer tel point où leur éducation laisse à désirer, recueillir les observations ou les plaintes des familles, ou au contraire témoigner de leur satisfaction. Il peut parler aux enfants et il peut parler d'eux non en professeur, mais en père de famille, en ami de leurs parents.

La *Caisse des écoles* recueille des secours et elle les distribue. C'est elle qui facilite et encourage la régularité de la fréquentation, qui vient en aide et à l'école et à la famille sous des formes infiniment multipliées suivant les besoins, qui donne en argent ou en nature, à la ville et à la campagne, tantôt à titre d'encouragement, tantôt sous le nom de récompense, tout ce qui manque à l'enfant : aliments, vêtements, chaussures, livres, cahiers et jusqu'aux jouets pour les tout petits.

Enfin la *Commission scolaire municipale* est un des rouages essentiels pour l'exécution de la loi sur l'obligation scolaire, c'est malheureusement un de ceux dont le fonctionnement offre le plus de difficultés. Je ne parle pas des rares communes où, par un esprit de parti qui n'est plus de notre temps, la commission elle-même, se mettant pour ainsi dire en révolte contre la loi qu'elle est chargée d'appliquer, encouragerait systématiquement les parents à s'y soustraire. Sans aller jusqu'à ce cas extrême, dont l'opinion publique aurait vite fait justice dans un pays de bon sens comme le nôtre, il reste d'innombrables difficultés de détail qui entravent la régularité de la fréquentation et qui par là même compromettent l'efficacité de l'école. Il appartient à la commission scolaire d'étudier sur place chacun de ces obstacles et d'en triompher : j'indiquerai tout à l'heure quelques-uns de ses moyens d'action.

Qu'il s'agisse de l'une ou de l'autre de ces fondations — délégation cantonale, caisse des écoles ou commission scolaire — et beaucoup d'entre vous appartiennent simultanément à ces divers comités — je viens vous demander, sans sortir de vos attributions, de vouloir bien faire un effort de plus pour aider le pays à tirer pleinement parti des institutions scolaires dont la République l'a doté.

C'est une idée très fausse et encore trop répandue de tout attendre de l'Etat, en matière d'enseignement aussi bien qu'en beaucoup d'autres. Là surtout, l'Etat a fait ce qu'il avait à faire, le reste dépend du bon vouloir de tous et de l'initiative de chacun.

Nous avons une législation scolaire qui a triomphé, par sa sagesse et sa modération même, des attaques les plus violentes ; nous avons une hiérarchie d'autorités qui fonctionne régulièrement et un personnel enseignant, bien préparé à ses fonctions, animé d'un esprit de travail, consciencieux, dévoué, désireux et capable de servir dignement la démocratie ; nous avons des maisons d'école qui, sans être des palais, représentent dans leur ensemble un des plus grands sacrifices que la République se soit imposés, elles ont coûté plus d'un demi-milliard ; nous avons, enfin, un budget annuel de plus de 120 millions pour faire face aux traitements de l'enseignement primaire public.

Ayant ainsi rempli sa tâche, l'Etat n'a-t-il pas le droit de faire appel au concours de tous les bons citoyens pour que, de tant d'efforts et de sacrifices, rien ne soit perdu?

Le service que vous demande le Gouvernement de la République, c'est d'user de toute votre influence pour faire fructifier l'argent que la République consacre libéralement à l'instruction populaire, c'est de contribuer personnellement par vos conseils et par votre exemple à faire mieux comprendre aux familles leurs devoirs envers l'école et à l'école ses devoirs envers les familles.

Notre idéal n'est pas d'avoir de belles écoles dirigées par des maîtres très instruits, s'acquittant honorablement de leur tâche professionnelle et indifférents à tout le reste. Nous souhaitons, nous espérons beaucoup plus. L'école républicaine n'est pas un établissement isolé, vivant de sa vie propre et se confinant dans l'apprentissage consciencieux de la lecture et de l'écriture, de l'orthographe et du calcul. C'est la première, j'entends à la fois la plus humble et la plus importante des institutions sociales, celle qui prépare pour nous succéder de jeunes générations animées de l'esprit patriotique et républicain. C'est une sorte d'atelier national où se forge la France de demain, et d'où sortira la grande masse des citoyens, des travailleurs et des soldats qui, d'ici à trente ans, tiendront dans leurs mains les destinées de la patrie.

Dès lors, rien de ce qui se fait à l'école n'est indifférent au pays. Et c'est ce qui vous donne le droit avec le devoir de vous y intéresser très directement.

Je ne veux pas m'en tenir à de vagues généralités. Permettez-moi d'entrer avec vous dans le détail et dans la pratique. Je voudrais vous montrer quels services vous pouvez rendre à l'instruction dans ce pays.

Je me bornerai à quels exemples qui se rapportent à deux points précis :

1° Ce que vous pouvez faire pour améliorer l'instruction des enfants ;

2° Ce que vous pouvez faire pour améliorer l'instruction des adolescents et des adultes.

INSTRUCTION DES ENFANTS. — Le premier bienfait que l'école puisse recevoir de vous, Messieurs, c'est que vous stimuliez, que vous encouragiez la fréquentation scolaire.

Le temps qu'un enfant d'une famille d'ouvrier, d'employé ou de cultivateur peut consacrer à son instruction est, par la force des choses, étroitement limité : à treize ans au plus, il aura fini, il quittera l'école. Ainsi de six à treize ans, au maximum, en supposant que la loi s'applique dans les meilleures conditions, voilà tout ce qui est donné à l'immense majorité des enfants de ce pays pour acquérir le première culture intellectuelle et morale indispensable à tous les hommes.

Songez combien c'est peu que ces six ou sept années d'enfance, combien les impressions y sont fugitives, combien d'études et de connaissances diverses, en se bornant même aux rudiments de tout, l'enfant est obligé d'accumuler.

Or, ce temps si court, si manifestement insuffisant, il s'en faut de beaucoup qu'il soit en fait mis à la disposition de l'école.

La fréquentation scolaire a, dans une grande partie de la France, de très regrettables lacunes : la scolarité réelle commence plus tard et finit beaucoup plus tôt que la scolarité légale ; des raisons, les unes graves et douloureuses, les autres futiles et condamnables, font que l'enfant gaspille en fait un cinquième, un quart, parfois un tiers du temps qu'il doit à l'école et que l'école lui doit.

C'est là un premier mal que vous devez, que vous pouvez combattre.

Si l'irrégularité de la fréquentation vient de mauvaises habitudes locales, de la négligence, de l'inertie des parents, aidez-nous à leur faire comprendre le tort qu'ils font à leurs enfants. Ne vous bornez pas à déplorer le fait quand vous êtes en séance dans un de vos comités : imposez-vous le devoir, toutes les fois que l'occasion s'en présente, de montrer franchement et nettement aux pères et aux mères de famille les conséquences de leur conduite.

Si l'irrégularité de la fréquentation, et c'est le cas le plus fréquent, provient non pas du mauvais vouloir, mais de difficultés réelles, ici de la misère des familles, là d'une nécessité locale comme il s'en rencontre, par exemple dans les pays de pâturage, alors les bonnes exhortations ne suffisent plus : il faut vous réunir, vous ingénier pour lutter contre le mal ou l'atténuer. Quelquefois, un subside minime, un livret de caisse d'épargne, des bons de cantine, une prime de fréquentation de quelques centimes par semaine, d'autres menus secours accordés par la caisse des écoles aux enfants nécessiteux suffiront, avec un peu de courage que vos sympathies mêmes rendront aux parents, pour triompher de bien des obstacles ; d'autres fois, une récompense, une très petite somme attachée par la caisse des écoles ou par des bienfaiteurs particuliers à la possession du certificat d'études, décidera la famille et lui fera trouver les moyens de ne pas abréger misérablement les études de l'enfant. Dans certaines communes, il suffira de changer les heures de classe en été, — au besoin de faire deux demi-classes : l'une, de grand matin, l'autre, à la fin de l'après-midi ; ailleurs, au contraire, de placer une seule séance au milieu de la journée — pour permettre aux enfants de continuer au moins en partie leur instruction tout en vaquant aux travaux des champs suivant les besoins de la saison. La délégation cantonale, qui connaît les usages du pays, pourra, pendant les mois d'été, demander l'organisation d'écoles de demi-temps, réduire la fréquentation, s'il le faut, à deux ou trois heures par jour, et diviser même l'effectif scolaire en deux groupes : l'un, venant en classe le matin ; l'autre, le soir. Nos règlements ne sont pas une lettre rigide et comme une consigne militaire : instituteurs et inspecteurs sauront toujours les assouplir à votre demande.

L'important est de ne pas laisser interrompre complètement toute étude pendant plusieurs mois.

Dans beaucoup de cas, en hiver surtout, ce sont simplement les vêtements et les chaussures qui font défaut. Vous interviendrez pour obtenir qu'il en soit distribué par la caisse des écoles, dussiez-vous, pour y parvenir, provoquer une souscription que personne ne vous refusera. Ailleurs — et les rapports des inspecteurs primaires ne cessent, comme ceux des inspecteurs généraux, de signaler ce fait à peine croyable — après que l'Etat a payé des millions pour bâtir des écoles et pour assurer le traitement des maîtres, déchargeant ainsi la commune de la presque totalité des grosses dépenses, il existe encore des communes qui rendent inutiles ces énormes sacrifices en refusant d'accorder aux élèves indigents les quelques sous indispensables pour acheter les fournitures scolaires : on voit dans certaines écoles des enfants inoccupés ou suivant de loin, péniblement, infructueusement, le travail de leurs camarades, faute d'un livre, d'un cahier ou d'un crayon que la commune refuse ou plutôt néglige indéfiniment de leur fournir, alors qu'elle n'a plus rien d'autre à dépenser pour l'école. Pouvez-vous, quand vous passez dans une classe et que vous êtes témoins de ce fait, pouvez-vous vous résigner et vous taire? Ne devez-vous pas, au sortir même de l'école, aller trouver les autorités municipales, leur parler le langage que vous suggérera ce que vous venez de voir? Venant d'un de leurs concitoyens les plus notables, cet avertissement les touchera et, eussent-ils même été sourds jusqu'ici à d'autres appels, ils ne résisteront pas au vôtre.

Je sais bien que, malgré les prescriptions formelles de la loi, il y a encore près de la moitié des communes de France qui ne possèdent pas même une caisse des écoles. Est-ce un obstacle qui doive vous arrêter, Messieurs, et ne devez-vous pas, au contraire, saisir l'occasion pour constituer cet auxiliaire précieux de l'école? L'argent manque? Mettez-y seulement votre cotisation et celle, si minime qu'elle soit, de vos voisins et de vos amis, celle du maire, celle de deux ou trois conseillers municipaux, le produit d'une quête faite à la mairie à l'occasion d'un mariage, et en voilà assez pour commencer ; vous demanderez au Ministère une petite subvention à titre d'encouragement, et elle ne vous sera pas refusée. Ainsi, peu à peu, grossira cette modeste réserve, humble mais utile bureau de bienfaisance scolaire.

Qui prendra l'initiative de ces créations? Qui fera pénétrer ces idées jusque dans la dernière commune de France, si ce n'est vous, Messieurs? Les personnes de bonne volonté, quoi qu'on en dise, ne manquent nulle part en ce pays. Il suffit de leur dire ce qu'on attend d'elles. Combien y en a-t-il qui ignorent jusqu'à l'existence de la caisse des écoles dans leur commune et n'ont jamais pensé à s'y faire inscrire.

Il en est qui se déclarent partisans des théories les plus avancées en matière d'initiative individuelle ou communale, qui se plaignent de la centralisation administrative, qui admirent de confiance les institutions libérales d'autres pays et qui ne se doutent pas qu'il y a là, à leur porte, une institution créée en principe depuis trente ans, qui est à la fois la plus souple, la plus libre, la plus simple, la plus humaine et la plus démocratique des conceptions, une véritable société de bienfaisance et de bienveillance mutuelle au profit des enfants du pays sans distinction, une sorte d'association mi-publique, mi-privée, s'administrant elle-même, jouissant de la personnalité civile, n'ayant d'autres statuts que ceux qu'elle se donne, où tous les gens de bien qui s'intéressent à l'enfance peuvent apporter leur obole et, ce qui vaut plus encore, leur affection.

Parlez-en autour de vous, Messieurs, vous serez vite écoutés. Dites et redites qu'en matière de bonnes œuvres scolaires et sociales, dans notre France que l'on croit étouffée sous les règlements officiels, il y a de l'ouvrage pour quiconque en voudra, il y a place pour toutes les libres initiatives, et on a besoin d'elles.

C'est une erreur de se représenter l'école publique comme ayant la prétention de se suffire à elle-même, de repousser les profanes et de rester la chose de l'Administration. Loin de dédaigner les concours bénévoles, elle les sollicite tous jusqu'aux plus modestes.

J'insiste sur la Caisse des écoles, parce que c'est l'aide par excellence pour la fréquentation scolaire. Mais il existe d'autres institutions, auxiliaires et complémentaires de l'école, dont la prospérité dépendra de de vous, que l'instituteur ne peut presque jamais créer à lui tout seul, qu'il créera toujours avec votre appui. Il ne suffit pas, en effet, que l'école soit fréquentée le plus longtemps et le plus régulièrement possible, il faut qu'elle s'entoure de toutes les annexes qui peuvent en rendre l'action plus aimable et, par là même, plus efficace. Et ce sont autant d'œuvres modestes dont vous pouvez être les initiateurs : vous serez suivis dès que vous aurez fait le premier pas.

Vous pouvez ainsi fonder une *bibliothèque scolaire*, dont les livres emportés dans la famille feront prendre au moins aux enfants et peut-être par contre-coup, à beaucoup de parents, l'habitude et le goût de la lecture.

Vous pouvez fonder un petit *musée scolaire*, où se trouveront bientôt réunis des spécimens des matières premières, des produits industriels et agricoles de la région et qui ajouteront à l'enseignement du livre le vivant exemple de la leçon de choses.

Vous pouvez fonder la *caisse d'épargne scolaire*, et mieux encore quelqu'une de ces sociétés si ingénieusement conçues depuis quelques années sous le nom de *mutualité scolaire*, qui montrent tout ensemble à l'enfant la puissance de l'épargne et celle de l'association, qui, associant l'idée d'économie à l'idée de solidarité, lui apprennent à la fois la prévoyance pour soi, qui est une forme de l'intérêt bien entendu, et la prévoyance pour autrui, qui est une forme de la fraternité.

Vous pouvez, dans bien des communes pauvres, faire une innovation, presque une révolution, simplement en établissant une *distribution des prix* et une petite fête de clôture de l'année scolaire, une exposition des travaux des élèves que les parents viendront visiter avec plaisir et non sans profit.

A la campagne, vous pouvez créer ces petites *sociétés d'élèves* et puis d'*anciens élèves* pour la protection des animaux utiles, pour empêcher la destruction des oiseaux, ce fléau de quelques contrées, pour d'autres intérêts agricoles. A la ville, ce seront des sociétés de gymnastique, de tir, de jeux physiques, de sociétés de chant et de musique instrumentale, des associations amicales d'anciens élèves de presque toutes les grandes écoles urbaines.

Vous pouvez presque partout organiser des *comités de dames patronnesses* pour l'école maternelle, d'autres pour établir des ouvroirs, des réunions de couture, d'autres pour offrir le jeudi et le dimanche aux élèves et aux anciennes élèves une occasion de se réunir autour de quelques personnes qui se feront une joie d'égayer leur après-midi par des jeux, des lectures, des promenades, des divertissements de bon aloi.

Vous pouvez prendre part à ce grand mouvement qui s'accentue en faveur des *patronages laïques* destinés à offrir aux élèves, d'abord pendant la scolarité, plus tard au moment de l'apprentissage, la protection de personnes amies qui sauront les guider, les encourager dans les débuts de la vie et leur faire connaître parfois dans des moments critiques, la douceur d'une bonne parole et la force d'un bon conseil.

Je n'essaie pas de compléter cette énumération des diverses institutions vraiment philanthropiques et vraiment démocratiques qui peuvent se grouper autour de l'école, et, sûr que vous n'avez pas de doutes sur ce premier objet de votre activité, je passe au second.

INSTRUCTION DES ADOLESCENTS ET DES ADULTES. — De toutes parts, en France, on demande que l'instruction ne s'arrête pas à la période scolaire obligatoire, qu'un grand effort soit tenté pour donner un lendemain à l'école, que, de douze à dix-huit ans, l'apprenti et le jeune ouvrier ne soient pas absolument destitués de tout secours intellectuel et moral, mais reçoivent quelque part, sous des formes appropriées, encore un peu d'enseignement, encore un peu d'éducation. De l'école au régiment s'étend l'âge critique à franchir, celui où l'adolescent n'est plus soutenu par l'école, n'est pas encore armé pour la vie et se trouve si souvent exposé aux tentations de la rue et du cabaret.

Il n'est pas possible que notre pays se résigne à laisser de la sorte inachevée une œuvre à laquelle il attache ses plus chères, ses plus patriotiques espérances. Nous avons trop fait en faveur de l'enfant pour ne pas y ajouter le strict nécessaire en faveur de l'adolescent.

Là encore, l'Etat ne décline pas la part de responsabilité qui lui incombe. Le budget du Ministère de l'Instruction publique contient déjà des crédits destinés à venir en aide aux communes et aux sociétés qui travaillent à cette œuvre excellente de l'instruction populaire des adultes. Le Gouvernement procède d'ailleurs à une enquête approfondie sur les besoins de cet enseignement et sur la marche à suivre dans son développement.

Mais, quel que soit l'effort des pouvoirs publics, il faut bien se dire que, dans ce domaine surtout, rien de grand ne peut se faire sans le concours ardent et libre, sans l'initiative généreuse d'une foule de volontaires. Ce n'est pas un règlement ministériel, c'est un élan national qui peut créer d'un bout de la France à l'autre cette forme nouvelle de l'éducation républicaine.

Vous ne vous étonnerez donc pas, Messieurs, qu'ici, plus que sur tous les autres points, je m'adresse à vous comme à mes premiers collaborateurs. Nous ne sommes pas en mesure de décréter d'office la constitution d'un vaste enseignement populaire des adultes ; de créer de toutes pièces un nouveau cadre d'institutions scolaires proprement dites, d'ouvrir au budget tout un nouveau chapitre ; mais chacun de vous peut, sur place, réaliser une partie de cet immense programme.

Il suffit que vous y pensiez pour trouver une œuvre à faire, et à faire sans délai. Qu'il s'agisse de réunir les jeunes gens pour leur faire ou un cours suivi sur les matières qu'ils sentent maintenant le besoin d'étudier ou de simples conférences instructives et récréatives ; qu'il s'agisse de convier les familles à des séances d'enseignement agricole, scientifique ou industriel, à des lectures que vivifieront des projections lumineuses, à des soirées fraternelles où l'on s'efforcera de les intéresser à tout ce qui est intéressant pour l'homme et pour le citoyen ; vous êtes en situation de déterminer un mouvement d'opinion, d'entraîner après vous maîtres et élèves, public et conférenciers. L'inspecteur de la circonscription, les instituteurs de la commune et du canton seront les premiers à répondre à votre appel. Etudiez avec eux la meilleure manière d'organiser dans la commune, dans la section, dans le quartier, cet enseignement essentiellement variable et fragmentaire qui ne vaut que par l'exacte appropriation aux besoins des auditeurs, lesquels ne sont plus des écoliers. Choisissez, d'accord avec eux, ce qui vous paraîtra le mieux convenir à votre public. Essayez et recommencez jusqu'à ce que vous ayez trouvé le moyen de vous attacher la jeunesse ou par l'attrait des réunions, ou par la curiosité, ou par le profit pratique qu'on pourra tirer de vos leçons, ou par la sympathie et la reconnaissance, souvent par tous ces mobiles réunis.

Surtout, n'ayez pas le souci d'opérer tous et partout pareillement : d'une commune à l'autre, d'une année à l'autre, les procédés peuvent varier. Dans quelques endroits vous trouverez encore des illettrés, et tout comme au temps de M. Duruy, vous serez reconnaissants à l'instituteur d'apprendre à des conscrits de demain les éléments de l'enseignement primaire. Dans la plupart des cas, il faudra un tout autre programme, des développements en rapport avec les connaissances des élèves. Le cours d'adultes, ici très élémentaire, sera ailleurs presque savant, presque technique. Il ne sera pas le même dans une commune agricole, dans une petite ville commerçante, dans un grand centre industriel : ni les heures, ni les objets, ni les conditions de l'enseignement ne sauraient se ressembler.

Ce qui importe, c'est que, partout où il y a une école, on sache que cette école n'est pas seulement faite pour les petits écoliers, qu'elle reste ouverte à leurs frères aînés. On peut espérer que, d'ici à quelques années, à mesure que les mœurs républicaines auront pénétré plus avant dans les populations, l'école dans chaque village sera connue de tous comme la maison de la jeunesse, toujours hospitalière à ses anciens élèves, comme le foyer intellectuel du pays, le rendez-vous où l'on se retrouve à tout âge pour étudier, pour lire, pour s'instruire, pour échanger des idées, élèves et maîtres, apprentis et écoliers, instituteurs et pères de famille.

En attendant que cet idéal soit réalisé et pour qu'il puisse l'être bientôt, je vous demande à tous et je demande à chacun de vous, Messieurs, d'unir vos efforts à ceux du Gouvernement, de l'Administration et de l'Université.

Je vous convie à prendre votre part d'une pensée qui est celle du Parlement tout entier. Il s'agit d'ouvrir, en quelque sorte, une seconde phase du développement de notre enseignement populaire.

La première a été surtout législative et administrative, elle a constitué des cadres, édicté des règles, fondé un régime légal nouveau. La seconde devra être marquée surtout par une extension de l'école que le législateur ne peut imposer impérativement, par son rayonnement naturel sur le pays, par une foule d'œuvres volontaires dues à l'initiative des bons citoyens et propres à décupler les effets utiles de l'instruction populaire.

J'ai la ferme confiance que cet appel ne vous surprendra pas, et que vous serez heureux d'y répondre, ne fût-ce que pour montrer une fois de plus la vitalité de ce pays et la force nouvelle d'impulsion que donne à toutes les idées généreuses l'esprit républicain.

Recevez, Messieurs, l'assurance de ma considération très distinguée.

Le Ministre de l'Instruction publique,
des Beaux-Arts et des Cultes,

R. POINCARÉ.

www.ingramcontent.com/pod-product-compliance
Lightning Source LLC
Chambersburg PA
CBHW070528050426
42451CB00013B/2909